빛나는 청춘의 기록
그림으로 쓰는 한 권 자서전

〈일러두기〉

원하는 스티커가 없을 때는 그림을 직접
그리거나 사진을 붙여서 책을 완성합니다.

빛나는 청춘의 기록
그림으로 쓰는 한 권 자서전

초판 발행 2017년 11월 30일
1쇄 발행 2017년 11월 30일
글 와이스토리 편집부
발행인 윤성혜
기획 및 편집 김유진
디자인책임 디셉
발행처 와이스토리
출판등록 제333-2014-14호
주소 부산시 해운대구 수영강변대로 140 5층(부산콘텐츠코리아랩)
전화 070-7437-4270
홈페이지 http://y-story.co.kr

ⓒ 와이스토리
ISBN 979-11-88068-10-4(13800)

이 책은 저작권법에 따라 보호를 받는 저작물이므로 무단 전재와
무단 복제를 금지하며 이 책의 전부 또는 일부를 이용하려면 반드시
저작권자와 와이스토리의 서면 동의를 받아야 합니다.

이 도서의 국립중앙도서관 출판예정도서목록(CIP)은
서지정보유통지원시스템 홈페이지(http://seoji.nl.go.kr)와
국가자료공동목록시스템(http://www.nl.go.kr/kolisnet)에서
이용하실 수 있습니다. (CIP제어번호 : CIP2017030199)

빛나는 청춘의 기록
그림으로 쓰는 한 권 자서전

글 와이스토리 편집부

차례

1장 우리, 다시 꿈꿀 수 있을까?

이제는 돌아와 거울 앞에 선 당신에게 …… 8
아구찜 먹고 싶은 날 …… 10
너의 상황버섯 한 잔 …… 12
그 남자, 그 여자의 버킷리스트 ① …… 15
지금 알고 있는 것을 그때 알았더라면 …… 18
그 남자, 그 여자의 버킷리스트 ② …… 21
친구야, 오래도록 이야기하자 …… 24

2장 나 아직 어렸을 때 (10대 이야기)

연령대별 키워드 …… 28
이렇게 태어났다 …… 30
부모님, 나의 부모님 …… 32
내가 처음 배운 것 …… 34
배움의 과정 …… 35
친구에 대한 기억 …… 36
힘들었습니다 …… 38

3장 설레는 청춘 (20대 이야기)

세상에서 가장 아름다운 로맨스 ·········· 42
사랑하는 당신에게 ·········· 43
집을 떠났던 그때 ·········· 44
그 물건을 추억함 ·········· 46
두 번째 가족 ·········· 48
기뻤습니다 ·········· 50

4장 성장의 나날들 (30-40대 이야기)

일을 하여 돈을 벌다 ·········· 54
나의 첫 일, 첫 마음 ·········· 55
자녀의 성장 스토리 라인 ·········· 56
스트레스 해소법 ·········· 58
무엇이 더 중요한가? ·········· 60
후회합니다 ·········· 62

5장 다시 꽃피는 시절(현재 이야기)

여행을 떠난 그곳에서 …………………………………… 66
다시 가족, 그리고 미움 …………………………………… 68
내가 보는 나의 강점 ………………………………………… 70
타인이 보는 나의 강점 ……………………………………… 72

6장 나의 미래 이야기

몰래 숨겨둔 한 장면 ………………………………………… 76
나를 인터뷰하다 ……………………………………………… 79
미래 다섯 조각 이야기 ……………………………………… 80
이 세상을 살아가는 청춘들에게 고함 …………………… 82

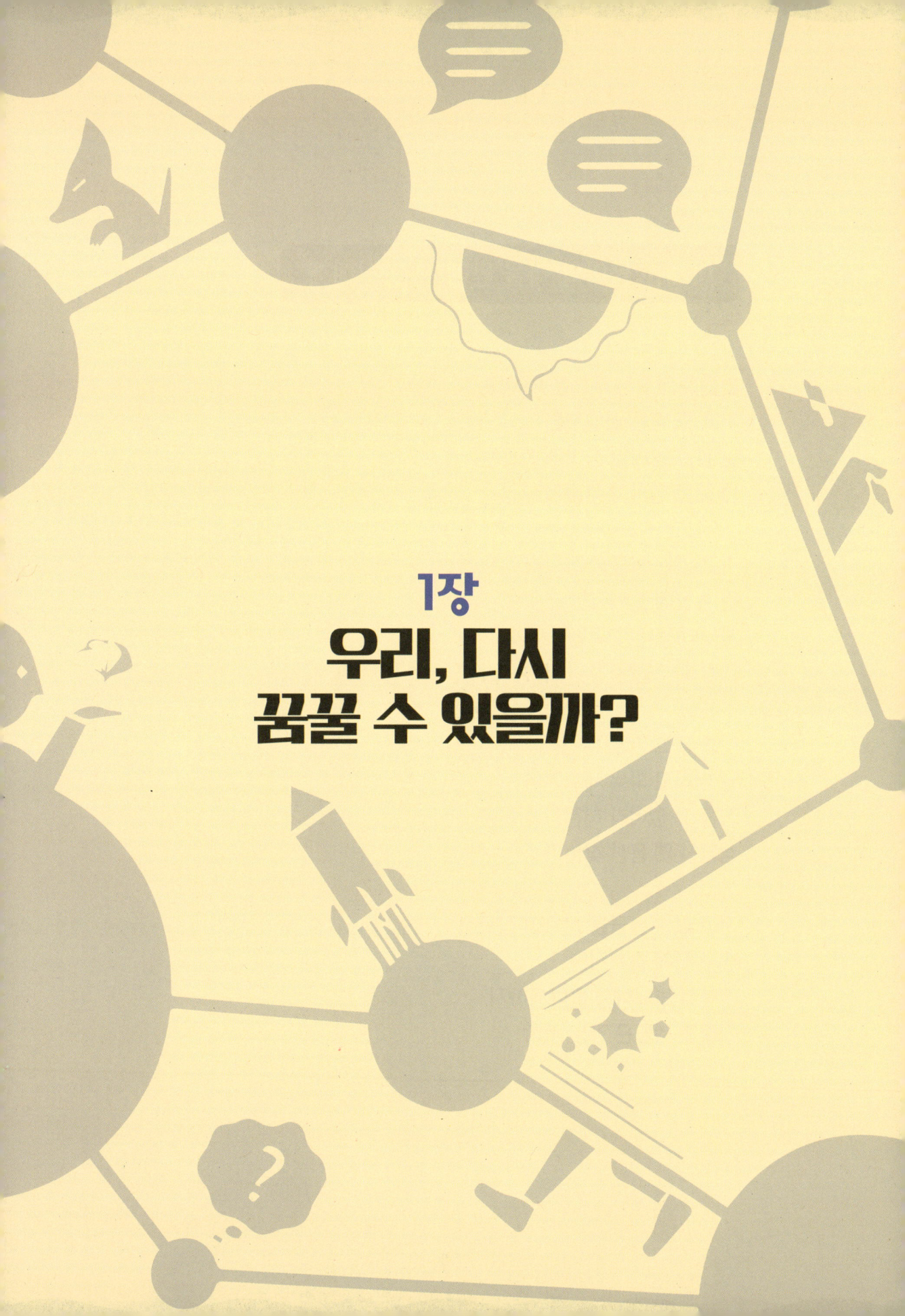

이제는 돌아와 거울 앞에 선 당신에게

언젠간 가겠지 푸르른 이 청춘
지고 또 피는 꽃잎처럼
달 밝은 밤이면 창가에 흐르는
내 젊은 영가가 구슬퍼

가고 없는 날들을 잡으려 잡으려
빈 손짓에 슬퍼지면
차라리 보내야지 돌아서야지
그렇게 세월은 가는 거야

나를 두고 간 님은 용서하겠지만
날 버리고 가는 세월이야
정둘 곳 없어라 허전한 마음은
정답던 옛 동산 찾는가

가고 없는 날들을 잡으려 잡으려
빈 손짓에 슬퍼지면
차라리 보내야지 돌아서야지
그렇게 세월은 가는 거야
-산울림 〈청춘〉

딸네 집에 가져다줄 반찬 꾸러미를 꾸리고 거울 앞에서 화장을 한다.
라디오에서 산울림의 〈청춘〉이 나온다.
잠시 손을 멈추고 노래 속으로 빠진다.

거울 속엔 희끗희끗 흰머리가
화장대 조명을 받아 더 하얗게 반사된다.
탄력을 잃어버린 내 볼에 힘이라도 불어넣듯
분홍 볼터치를 과감하게 칠한다.
그래도 생기가 살아나지 않는다.

핫핑크색 립스틱을 집어 쓱쓱 내 입술을 덧입힌다.
세월을 한참 살아낸 내가 거울 속에서 희미하게 웃고 있다.
노래가 끝나도 한참을 가슴이 먹먹하다.

땀을 뻘뻘 흘리면서도 "엄마 집밥이 제일 맛있어." 라는
너의 한 마디를 상상하며 나는 온종일 뜨거운 불 앞에 서 있다.
나의 땀이 섞인 반찬 꾸러미를 들고 집을 나선다.

35년 전 네가 세상에 나오던 날, 너와 나의 배꼽 줄은 끊어졌는데도
나는 너와의 줄을 계속 잡고 있구나.

아구찜 먹고 싶은 날

"엄마, 반찬을 왜 이렇게 많이 해 왔어요?"
지난번 집에 들른 딸이 하도 맛있게 먹기에
시장에 가서 나물을 사와 삶아서
하루 동안 쓴 물을 우려내고
들기름에 무쳐 볶아서 가지고 온 취나물이
내가 보기에도 좀 많아 보인다.

"엄마 아빠, 오늘 복날인데 뭐 드시고 싶으세요?"
"으음, 아구찜, 아구찜이……."
"그건 너무 매워서 우리 민후가 못 먹어요.
나도 요새 속이 안 좋아서 매운 거 못 먹고요."
"누룽지 백숙 하는데 예약해 놨으니까 그리로 가요."
(땅- 땅- 땅-)
반찬 꾸러미를 풀며 딸이 땅땅땅 의사봉을 세 번 친다.
'차라리 묻지나 말든지…….'
더운 여름, 딸 내외가 우리 부부를 위해 영양 보충 하라고
예약을 해 놓았나 보다.
딸이 말한 음식점에 도착하니 더운 열기와 닭 냄새가
코로 훅 들어온다.
효녀 심청이가 아버지 심봉사를 찾기 위해 벌인 잔칫날인 양

음식점 안 테이블마다
가족끼리 시끌벅적 닭 잔치가 한창이다.
우리도 한 구석에 자리를 한다.
딸이 닭다리를 쭉 찢어 나에게 내민다.
나는 슬쩍 닭다리를 손자 접시에 옮긴다.
작은 입이 미어터질 듯 닭다리를 들고 뜯는 손자를 보며

딸네와 음식점 앞에서 인사를 나누고 우리 내외는 차에 오른다.
우리 둘 다 말이 없다. 집에 와서 고추장과 열무김치를 찾는다.
우리는 양푼에 뻘겋게 고추장과 열무김치를 넣어
찬밥을 훅 쏟아서 쓱쓱 밥을 비벼 입에 넣는다.

"딸아, 나도 어린 시절에 우리 엄마의 딸이었단다.
그때 우리 엄마도 오늘 너처럼 당신 딸이
좋아하는 음식을 한 입이라도 더 주려고 했단다.
우리 엄마가 보고 싶구나."
"딸아, 오늘 참 고맙다. 안 그래도 오늘은 매콤한 아구찜이
먹고 싶은 날이었단다."

너의 상황버섯 한 잔

사람들과 함께 해외여행을 가기 위해 5년 동안 돈을 모았다.
하루 세끼 남이 해 주는 밥을 먹고 편안한 잠자리에서
잠을 자니 그 이상 좋을 수가 없다.
가이드는 우리 모두 졸고 있는 버스 안에서도
그 나라의 역사와 볼거리에 대해 열심히 말해 준다.
하지만 졸린 눈꺼풀을 이겨낼 수 없어 눈을 감고 잠에 빠진다.

한참을 달려, 오전 관광을 하고 상황버섯 파는 곳에 들른다.
이번에 상황버섯을 안 사면 큰일 날 것처럼 말하는 안내자의 말에
상황버섯에 관심을 보이자 다른 점원이 나에게
갑자기 더 친절해지기 시작한다.
며칠 전에 다녀갔던 큰 아들의 혈색이 안 좋아 보이고
말라 보였던 기억이 났다.
약효가 좋다며 추천하는 점원의 말을 들으며
해외여행 간다고 큰아들이 준 용돈을 머릿속으로 세어 본다.
"이거 젊은 사람이 먹어도 돼요?"
"그럼요. 보약도 젊을 때 먹는 것이 훨씬 효과가 좋아요."
내 손에는 어느새 상황버섯이 들려 있고, 나는 참 행복하다.

여행지에서 돌아와 짐을 풀자마자 맨 위쪽에 있는
상황버섯을 꺼내 냉동실에 넣어 둔다.
냉동실 문을 닫고 아들에게 전화를 건다.
벨이 열 번 더 울려도 아들은 전화를 받지 않는다.
다시 한 번 전화를 건다.
벨소리만 울릴 뿐 아들은 전화를 받지 않는다.
밤이 되어도 아들에게 전화가 오지 않는다.

다음 날 아들에게 전화가 온다.
"엄마, 왜 전화하셨어요?"
"응. 이번에 여행 갔다가 상황버섯 파는 데를 갔는데……."
"상황버섯 사 오신 거 아니죠?"
"응. 친구들은 딸아들 준다고 다들 사는데 나는 사지 않았다."
"잘하셨어요. 어머니, 여행은 즐거우셨어요?"
"그래. 네 덕분에 여행 잘했구나."

전화를 끊고 나는 큰 솥에 상황버섯 한 줌 넣고
두 시간 동안 푹 끓인다.
상황버섯 물이 곱게 우러났다.
상황버섯 물을 식힌 후, 음료수 병에 담아서
냉장고에 넣어 둔다.

다음 날 상황버섯 물병 하나를 가방에 담아
시니어 복지센터로 간다.
함께 나누어 마실 이야기꾼 친구들이 좋아하겠지?

상황버섯 물을 꺼내 큰 아들이 준 용돈으로
사온 것이라고 말하며 컵에 한 잔씩 따른다.
상황버섯 물을 마시며
나는 호텔 음식 이야기도 하고, 코끼리를 타고
바닷가를 걸었다는 이야기도 한다.

다른 나라 다녀 보니 뭐니뭐니해도 우리 음식이 제일 좋고
우리나라가 제일 살기 좋다는 이야기도 한다.
"이 물 마시니 벌써 기운이 나는 것 같네. 역시 상황버섯이 최고구먼."
상황버섯 물을 벌컥벌컥 들이킨 친구들의 말 한 마디에
내 마음이 시리다.
상황버섯 물을 마시지 못하는 아들을 생각하니
내 마음이 더 시리다.

그 남자, 그 여자의 버킷리스트 ①

그 남자는 새벽에 집을 나서서 산에 오른다.
다른 사람은 걸어도, 그 남자는 뛰어서 산에 오른다.
내 뒤에서 "어머! 체력이 정말 좋으시다."라는 말이 들린다.
산모퉁이를 돌아갈 때까지 헉헉거리며 달려서
약수터에 도착한다.
물 한 모금 마시고 나서 풋샵을 한다. 시시한 훌라후프 따윈 안 한다.
두 손을 잡고 철봉 운동을 하고,
약수터 철봉에 거꾸로 매달려 하늘을 본다.
나무들 사이로 하늘이 참 파랗다.

"아빠, 뭣 하러 그렇게 고생을 하세요?"
"누가 볼 사람이 있다고 그러는지… 나이가 몇인데…
니 아빠는 왜 저러는지 모르겠다."
"그러게 말이에요. 내 친구 아빠는 산길 오르다가 넘어져서
다치셨다는데."
추석날 모인 가족들이 그 남자의 식스팩을 안주 삼아 맥주를 마신다.
그 남자의 버킷리스트는 식스팩 만드는 것!

*
그 여자가 거울을 본다. 늘어진 피부가 오늘따라 눈에 거슬린다.
최대한 화려한 꽃무늬 외투를 찾아 입고 집을 나선다.
화장을 하지 않은 채 밖에 나가기가 부끄럽다.
핏기 없는 얼굴, 힘없는 눈동자, 입가의 팔자주름…….

며칠 전 친구를 만났다.
유난히 팽팽해 보이는 한 친구의 볼을 보며
친구들의 관심이 쏠렸다.
"뭐한 거야? 좋은 일 있어? 어디야? 얼마야? 아는 사람 소개로 가면
싸게 한다니? 우리 같이 할래?"
쏟아지는 질문에 친구가 가슴을 쭉 펴며 말한다.
"우리 나이쯤 되면 자기한테도 돈을 쓸 줄 알아야지."

은행에 들러 팔십만 원을 현금으로 찾는다.
팔십만 원이 든 가방을 앞으로 메며 가방끈을 손으로 꼭 잡는다.
버스 두 번을 갈아타고 병원 앞에 도착한다. 이름을 적고
내 이름이 불리길 기다린다.
아는 사람을 만날까 봐 맨 구석에 앉는다.
'마스크를 하고 올걸 그랬나?'

"김영숙님~"
순간 불린 이름이 내 것이 맞는지 잠시 생각하다가
대답을 하고 일어선다.
사람들이 나를 쳐다보고 있는 것같아 황급히 진료실로 들어간다.
"따끔따끔"
"찌릿찌릿"
살 타는 냄새가 코에 들어온다.

"세상아, 기다려라. 젊은 김영숙, 예쁜 김영숙으로 만나자."
그 여자의 버킷리스트는 예쁘고 젊어 보이는 김영숙!

지금 알고 있는 것을 그때 알았더라면

퇴직을 하고 고향 집으로 내려왔다.
어머니가 살던 집 마당에 풀이 가득하다.
풀을 뽑고 마루에 앉으니 황금 물결이 눈에 들어온다.
들에서 밭 매시고 마루에 앉아 계셨을 어머니처럼
나도 그렇게 앉아 있다.
먼 길 오는 아들을 기다리던 어머니처럼…….

아버지를 하늘나라에 먼저 보내고 어머니 혼자 살고 있던 집에
우리 가족은 계절마다 내려와서 하루를 보내고 올라가곤 했다.
뒤꼍 담이 무너지고 지붕에선 물이 새고 방구들 한쪽이 꺼졌다.
십여 년 전 나는 집수리를 하면 어떻겠냐고 어머니께 물었다.
"돈도 많이 들텐데……. 내가 살면 얼마나 산다고 그런데 돈을
들인다고 그러냐?"
한사코 만류하던 어머니 말씀에 나는 집수리를 하지 않았다.

고향 집에 들를 때마다 불편하긴 했지만
하룻밤 자고 서울에 올라와 바쁜 일상 속으로 들어가면
어머니가 살고 계신 고향 집은 내 기억에서 멀어지곤 했다.

구순을 맞은 올해 초 어머니께서 말씀하셨다.

"내가 이렇게 오래 살 줄 알았으면 진즉 집을 수리해서 살 걸
그랬나보다……."
여름이 오기 전, 나는 집수리를 시작하기로 마음먹었다.
온 마을을 통틀어 우리 어머니가 살고 계시는 집이
가장 오래되어 보였다.
그동안 한사코 만류하던 어머니도 예전처럼 말리지 않으셨다.
집을 수리하는 동안 나는 주말마다 이틀씩 내려가서
고향 집이 수리되는 과정을 지켜보았다.
어머니는 수리하는 동안 옆집 곡성댁 할머니와 함께 지내니
더 좋다고 말씀하셨다.

몇 달 동안에 걸친 집수리가 완성되어 처음 집에 들어가던 날,
어머니는 신혼집에 들어가는 새색시마냥
들뜨고 설레는 모습이었다.
반짝이는 가스레인지 위에 찌그러진 냄비가
조금 안 어울리기는 했다.
내가 사다드린 냄비 세트는 박스 풀어보시곤
'참 좋다. 참 좋다.' 하시고는
다시 깊은 장롱 속에 넣어 두셨다.
"나 혼자 쓸 때는 이 냄비도 충분하다."

지금 내 옆에는 어머니가 풀어 보았던 냄비 세트가
장롱 속에서 나와 마루에 있다.
나는 박스를 풀어 냄비를 가스레인지 위에 올려놓는다.
반짝반짝 새 냄비 옆에 어머니의 찌그러진 냄비가
희미하게 빛을 낸다.
나는 어머니의 냄비에 물을 담아 가스레인지에 올리고
불을 켠다.

그 남자, 그 여자의 버킷리스트 ②

그 남자는 아침 식사 후 설거지를 한다. 화장을 하며 아내가 말한다.
"화장실 거울이 더럽네요."
화장실 청소를 하라는 아내의 명령이다.
그 남자는 집안 청소를 시작한다.

화장실 청소를 마친 남자는 백팩을 메고 집을 나선다.
버스 두 번을 갈아타고 건물에 도착한다.
그 남자가 들어간 곳은 ○○영어학원 4층이다.
원어민 교사가 들어오고 순간 긴장한다.
자기소개를 하는 시간에 나이를 다 밝히자,
학원생 여섯 명 중에 그 남자의 나이가 가장 많다.
"연세도 있으신데, 어쩜 그렇게 영어를 잘하세요?"
지난 추석에 있었던 이야기를 영어로 말하는 남자를 보며
32살 지훈 씨가 말한다.
학원을 다니며, 혹은 방송으로, 때로는 전화 영어로
영어 공부를 한 게 거의 20년 다 됐는데…….
그 남자는 그 말을 하지 않는다.
20년 넘게 영어 공부를 한 발음은 지훈 씨의 유창한 발음 앞에서
무너진다. 영어 선생님이 영어 테스트를 매일 하고 있는데
전날 공부를 하고 온 덕분에 그 남자가 시험에 통과한다.

*
그 여자가 어깨에 메는 가방을 챙긴다.
가방 안에 노트와 필기도구가 든 필통이 있다.
전철에 들어선다. 가운데 빈자리가 보이지만 여자는 경로석으로 향한다.
아침 일찍 전철에 들어서는 그 여자를 바라보는
젊은이들의 눈총이 느껴진다.
"노인들이 뭐 하러 이렇게 아침부터 다니는 거야?"
그 여자는 버스를 이용해도 되지만 전철을 탄다. 버스를 타고 내리며
계단을 디딜 때마다 무릎이 삐걱삐걱 통증이 느껴진다.
요금은 무료이다…….

전철을 갈아타고 여덟 정거장을 더 지나
그 여자가 시니어복지센터에 도착한다.
여자는 매주 목요일 2시간씩, 세 달 동안 진행하는
이야기꾼 양성과정에 다니는 중이다.
그 여자가 가방에서 알퐁스 도데의 〈별〉을 꺼냈다.
누렇게 바랜 책에서 오래된 추억의 냄새가 난다.
하얀 깃 교복을 입던 소녀 시절, 그 여자는 문학 소녀였다.
알퐁스 도데의 〈별〉을 읽고 또 읽어서 거의 외울 정도가 되었고,
친구들 앞에서 목동의 별 이야기를 들려주면, 친구들은
그 여자 주위에 몰려들어 꿈을 꾸듯 이야기 속으로 빠져들곤 했다.

**그 여자의 버킷리스트는 이야기꾼이 되어
이야기를 기다리는 꼬마 아이들을 만나는 것!**

"저건 목동의 별이에요."
"목동의 별? 목동의 별도 있어요?"
"네, 별 중에서 가장 아름다운 별이랍니다. 저 별은 우리가 새벽에 양들을 내보낼 때나
저녁에 양들을 불러들일 때 우리는 비춰 주지요. 그리고 저기 더 멀리 있는 네 개의 별은
큰곰자리고요. 더 아래에 있는, 저기 쇠스랑처럼 생긴 별자리 보이시죠? 저별은
우리 목동들에게 시간을 알려주는 오리온이라고 하는 별자리에요. 또 저 별은……."
내가 다른 별에 대해서 설명하려는 순간 무언가 부드러운 것이 어깨에 와 닿았다.
아가씨는 졸다가 결국 내 어깨에 잠이 들었다. 아가씨의 머리카락은
너무나 향기롭고 부드러웠다.
나는 날이 밝아와 별빛이 희미해질 때까지 그렇게 꼼짝도 하지 않은 채 앉아 있었다.
아름다운 내 사랑, 스테파네트 아가씨를 밤새 그렇게 지켜 주었다는 기쁨에
가슴이 벅차올랐다. 별빛이 반짝이는 조용한 이 밤은 내 생애에서 가장 아름다운,
가장 행복한 밤이 될 것이다.
그렇게 조용히 앉아 있는 우리 두 사람 주위로 별들은 마치 양 떼처럼 고요하게 지나갔다.
나는 고요함 속에서 이렇게 생각했다.
지금 저 수많은 별들 중에서 가장 예쁘고 가장 반짝이는 별 하나가
길을 잃고 내 어깨에 몸을 기대고 잠들어 있는 것이라고
저 별들 중에서 가장 아름다움 별 하나가…….
-알퐁스 도데 〈별〉 중에서

친구야, 오래도록 이야기하자

친구야,
코스모스 꽃 숲 속
꽃보다 더 어여뻤던 너는 지금 어디 있니?
도토리 굴러가는 것만 보아도 웃음보가 터져 웃음을 멈추지 않던
나의 친구들 보고 싶구나.

친구야,
학교 앞 빵집 접시 위 둥근 단팥빵을 포크로 찍어서
입안 가득 넣고 우물우물 먹던 나의 친구야,
교복 바지 걷고 먼지 나는 운동장
공 하나를 따라 헤쳐 달리던
나의 친구들 보고 싶구나.

친구야,
나의 오래된 앨범 속 친구는 아닐지라도
지금 나와 함께 있는 네가
나의 옛 친구가 되어 주면 안 되겠니?

내가 도란도란 이야기보따리를 풀면
너는 나와 함께 나의 이야기 나라로
함께 여행 떠나지 않으련?

나 또한
너의 이야기 나라에 함께 가서
너의 이야기보따리 속에서 함께 노닐고 싶어.

아주 오래된 이야기라도 좋아.
아주 먼 미래 이야기라도 좋아.

우리 둘이 함께 이야기꾼이 되어
너는 내 이야기 열차의 동반자가 되고
나는 네 이야기 열차의 동반자가 될게.
목마르면 사이다 시원하게 들이키고
배고프면 삶은 계란 톡 깨서 한 입 베어 물면 되지.

우리 둘이 오래오래 이야기 친구하자.

2장
나 아직 어렸을 때
(10대 이야기)

연령대별 키워드

자신의 과거를 돌아보며 연령대별로 연상되는 단어를 써 보세요. 그 단어에 어울리는 그림 카드를 골라 올려 놓으세요.

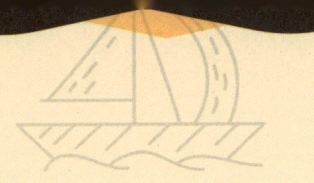

현재 나이

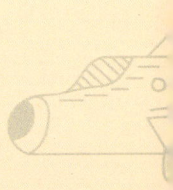

이렇게 태어났다

나는 어떻게 태어났나요? 태몽이나 태어났을 당시 상황, 아기였을 때 등 나의 탄생과 관련된 이야기를 해 보세요. 연상되는 단어를 3~5개 골라 쓴 뒤에 어울리는 스티커를 붙이고 에피소드를 써 보세요.

부모님, 나의 부모님

부모님의 인생을 한 편의 짧은 이야기로 만들 거예요. 이 이야기의 주인공은 어머니 또는 아버지입니다. 각 내용에 해당되는 스티커를 붙이며 이야기를 만들어 보세요.

이야기의 주인공

주인공이 하고 있는 일

주인공이 하는 일을 방해하는 요소
_____
_____
_____
_____
_____

그 상황을 해결하기 위해 노력했던 일
_____
_____
_____
_____
_____

그 결과 주인공은 어떻게 되었을까?
_____
_____
_____
_____
_____

내가 처음 배운 것

학교나 가정에서 느꼈던 배움의 기쁨을 생각하며, 내가 생각하는 배움이란 무엇인지 써 보세요. 떠오르는 단어나 문장을 최대한 많이 써 보세요.

배움은 OOO 이다

배움의 과정

내가 처음 배웠던 것은 무엇인가요? 그것을 배우는 과정을 1단계~3단계로 나눠 그때 느꼈던 감정이나 상황을 스티커나 그림으로 표현하고 글로 써 보세요.

친구에 대한 기억

10대 하면 친구를 빼놓을 수 없지요. 생각나는 친구와 그 사람을 생각하면 떠오르는 단어, 그것에 얽힌 에피소드를 써 보세요. 스티커를 붙이거나 그림을 그려 보세요.

힘들었습니다

10대 시절 내 마음을 가장 힘들게 했던 일이 있나요? 카드를 세 장씩 뽑은 뒤, 그 일의 원인과 결과를 정리해 보세요.

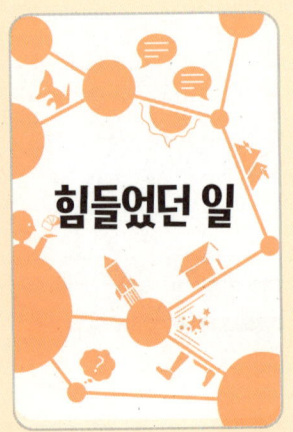

힘들었던 일

그 일의 원인

결과

- 힘들었던 일
- 그 일의 원인
- 결과

3장
설레는 청춘
(20대 이야기)

세상에서 가장 아름다운 로맨스

보고 있으면 마음이 설레는 사람이 생겼습니다. 당시에 그 사람과 주고 받았던 편지가 있다면 여기에 옮겨 주세요. 또는 그 당시 사진을 붙여 보세요.

사랑하는 당신에게

타임머신을 타고 과거로 가서 나의 연인에게 편지를 씁니다. 당신의 마음을 잘 살려 써 보세요.

집을 떠났던 그때

나는 이제 성장하여 집을 떠납니다. 집을 떠난다는 것은 두렵기도 하지만 시작을 의미하기도 하지요. 다음 그림은 전체 그림의 일부분이 잘려 나간 것입니다. 처음 독립했을 당시를 떠올리며 미완의 그림을 완성해 보세요.

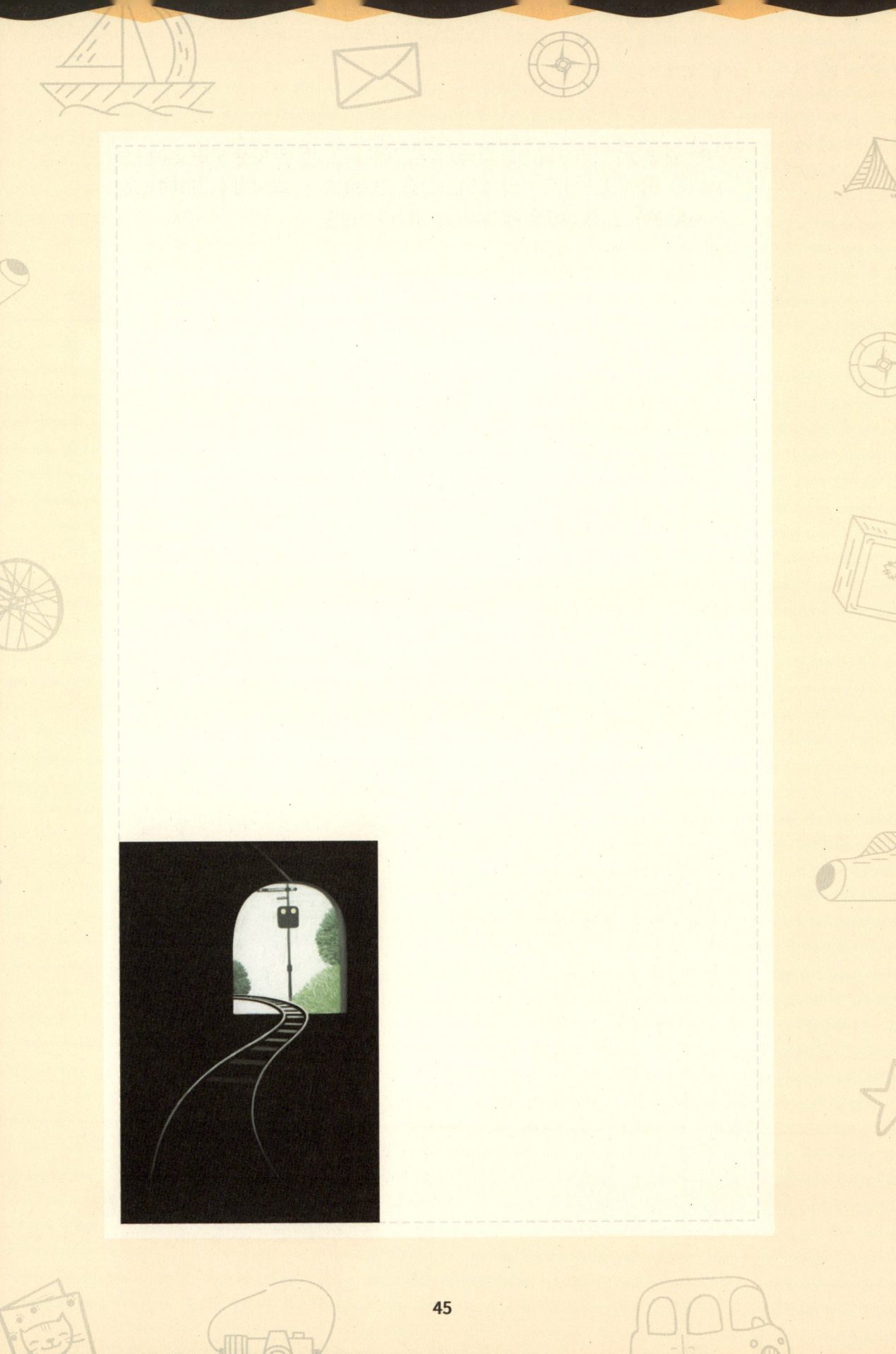

그 물건을 추억함

우리는 일생 동안 많은 물건을 갖습니다. 그러나 그것들은 평생 우리 곁에 있지 않습니다. 버려지고 낡고 사라져 버리지요. 기억에 남는 추억의 물건이 있나요? 스티커를 붙이고 그것에 얽힌 에피소드를 써 보세요.

두 번째 가족

새로운 가족을 만났나요? 결혼을 했다면 배우자를, 결혼하지 않았다면 새로 알게 된 지인에 대해 이야기해 주세요. 그 사람은 어떤 사람인가요? 그 사람을 생각하며 스티커나 그림을 붙이고, 글로 써 보세요.

그 사람의 생긴 모습

그 사람의 성격

그 사람이 좋아하는 것

그 사람이 잘하는 것

내가 그 사람을 좋아하는 이유

기뻤습니다

내가 생각하는 행복은 무엇인가요? 뒤집어놓은 카드를 세 장 뽑아 행복에 대해 정의를 내려 보세요.

지금까지 살아오면서 가장 행복했던 순간을 한 장면 떠올려 보세요. 그때 어떤 일이 있었나요?

일을 하여 돈을 벌다

내가 생각하는 일(직업)은 무엇인가요? '일' 하면, 떠오르는 단어나 문장을 최대한 많이 써 보세요.

일은 OOO 이다

나의 첫 일, 첫 마음

나는 어떤 일을 했나요? 그 일을 하게 되었던 처음 순간을 떠올려 봅시다.
나의 첫 일, 첫 마음을 생각하며 스티커를 붙이고 글로 써 보세요.

그 일을 처음 시작하게 된 동기

그 일을 하며 가장 기뻤던 순간

그 일을 하며 가장 힘들었던 순간

자녀의 성장 스토리 라인

자녀의 인생을 돌아보며 연령대별로 연상되는 단어를 써 넣으세요. 그 단어에 어울리는 그림 카드를 골라 올려 놓으세요.

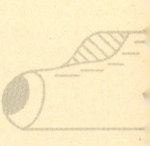
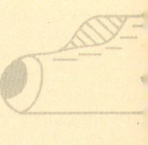

현재 나이

스트레스 해소법

우리는 누구나 살면서 한 번쯤 불안, 강박, 우울, 극심한 스트레스에 시달리게 됩니다. 자, 여기 어떤 사람이 다음과 같은 문제로 스트레스를 받고 있습니다. 문제를 해결할 수 있는 방법을 제시해 주세요.

"40대 여자입니다. 저는 무슨 일을 하든 다른 사람의 시선을 늘 의식합니다. 그리고 늘 남에게 잘 보이고 싶어합니다. 그것이 너무 심해서 우울합니다."

나는 어떤 일에 스트레스를 받고 있나요? 과거에 겪었던 힘들었던 일과 이를 극복했던 방법을 써 주세요.

나를 힘들게 했던 일 또는 사람

나만의 극복 방법

무엇이 더 중요한가?

인생을 살면서 무엇이 가장 중요하다고 생각합니까? 과거에 중요시했던 것과 지금 중요시하는 것을 써 보세요. 그리고 둘 사이에 차이가 있다면 그 차이를 느끼게 된 계기를 말해 보세요.

과거에 중요하게 생각했던 것

과거에 중요하게 생각했던 것

지금 중요하게 생각하는 것

_____
_____
_____
_____

지금 중요하게 생각하는 것

_____
_____
_____
_____

지금 중요하게 생각하는 것

_____
_____
_____
_____

후회합니다

인생을 후회하는 사람이 여기 있습니다. 그 사람에게 주고 싶은 그림 카드를 골라서 주고, 조언을 해 주세요.

"50대 남자입니다. 저는 가족에게 신경 쓸 겨를도 없이 회사 일만 열심히 했습니다. 그것이 가족을 위한 일이라고 믿었으니까요. 그런데 현재 저를 외면하는 가족을 보면 정말 후회가 됩니다."

당신은 후회하고 있는 일이 있습니까? 과거로 돌아가 그 일을 하고 있는 나에게 조언을 해 주세요.

후회하는 일

조언해 주세요.

5장
다시 꽃피는 시절
(현재 이야기)

여행을 떠난 그곳에서

일상에서 벗어나 여행을 가게 되었습니다. 여행지에서 생긴 하나의 에피소드를 다음 구성에 맞게 이야기로 써 보세요. 그림도 함께 그려요.

여행을 떠나는 주인공(나)의 마음

여행지의 풍경 소개

여행지에서 생긴 에피소드 ①

여행지에서 생긴 에피소드 ②

여행이 내게 준 것

다시 가족, 그리고 미움

가족이나 지인과 갈등을 겪고 있다면 어떤 문제인지 알아보고 해결 방법을 찾아봅시다.

주인공

_____
_____
_____
_____
_____

겪고 있는 갈등

_____
_____
_____
_____
_____

갈등 해결에 방해가 되는 요소

_____
_____
_____
_____
_____

갈등을 해결하기 위해 내가 하고 있는 일

_____
_____
_____
_____
_____

예상 되는 결말

_____
_____
_____
_____
_____

내가 보는 나의 강점

다음 강점 단어와 약점 단어를 보고 자신에게 해당되는 것에 솔직하게 표시해 보세요.

감성	이성	행동	약점
온화	분석력	협력	소심
호기심	통찰력	자제력	인정욕
감수성	응용력	소통	실수
책임감	해결력	도전	불안
관대함	판단력	정돈	게으름
사랑	유연성	말하기	욕심
희망	통합성	적응력	낭비
명랑	신중성	추진력	실망
열정	전략적	통솔력	비교
다정함	창의성	도움	편견
공감	도식화	유머	눈치
상상력	지식	준비성	미움
만족	이해력	공부	열등감
자신감	중립적	촉진	분노
용기	탐구력	주목성	오만
감사	논리성	인내	싫증
평정심	추리력	글쓰기	긴장
감성	계획성	몰입	걱정

70쪽에 표시한 단어 중에 세 가지를 골라 그것에 해당하는 에피소드를 써 보세요.

타인이 보는 나의 강점

다음 강점 단어와 약점 단어를 보고 자신에게 해당되는 것을 다른 사람이 표시하도록 해 주세요.

감성	이성	행동	약점
온화	분석력	협력	소심
호기심	통찰력	자제력	인정욕
감수성	응용력	소통	실수
책임감	해결력	도전	불안
관대함	판단력	정돈	게으름
사랑	유연성	말하기	욕심
희망	통합성	적응력	낭비
명랑	신중성	추진력	실망
열정	전략적	통솔력	비교
다정함	창의성	도움	편견
공감	도식화	유머	눈치
상상력	지식	준비성	미움
만족	이해력	공부	열등감
자신감	중립적	촉진	분노
용기	탐구력	주목성	오만
감사	논리성	인내	싫증
평정심	추리력	글쓰기	긴장
감성	계획성	몰입	걱정

타인이 고른 단어 중에 세 가지를 골라 그것에 해당하는 에피소드를 들어 보세요. (다른 사람이 이야기해 주는 활동입니다.)

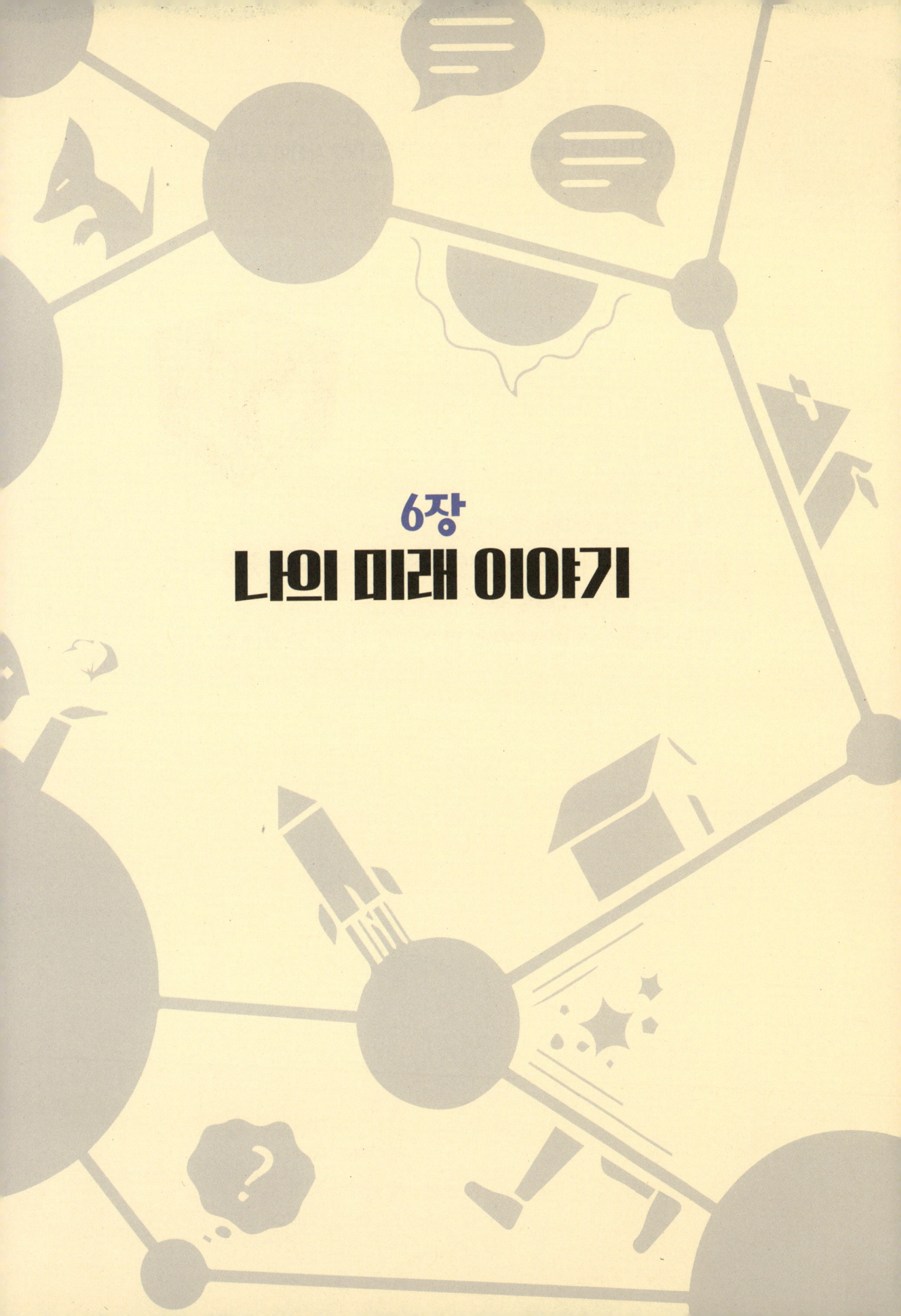

몰래 숨겨둔 한 장면

미래의 자신이 어떻게 살아가기를 원하고 있나요? 자신이 꿈꾸는 여섯 개의 장면을 상상해서 스티커를 붙여 보세요.

여섯 개의 꿈 큐브

1. 선을 따라 정육면체를 오려요.
2. 정육면체 각각의 면에 자신이 원하는 장면의 스티커를 붙입니다.
3. 풀을 이용해 정육면체를 완성하세요.
4. 정육면체를 돌려가며 미래의 한 장면을 이야기해 보세요.

늙음   청춘
사랑   시간   글   음식
  연인   여행   꿈
젊음   정신
  친구   말   몸

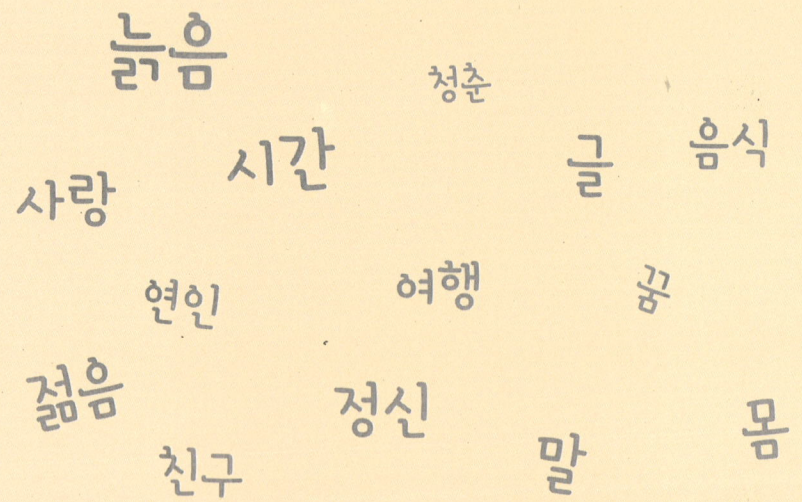

나를 인터뷰하다

꿈 큐브를 던져 나온 한 장면을 보고 자신을 인터뷰해 보세요. 또는 다른 사람이 나를 인터뷰합니다. 질문과 대답을 써 보세요.

Q

Q

Q

Q

미래 다섯 조각 이야기

76쪽~79쪽을 보고 미래 다섯 조각 이야기를 써 보세요. 스티커를 붙이거나 그림을 그린 뒤, 글을 써 보세요.

나의 현재 모습과 가장 닮아 있는 카드

미래의 꿈을 이루기 위해 내가 하고 있는 일

예상되는 갈등이나 방해 요소

이 상황을 해결하기 위해 내가 할 수 있는 일

나의 미래 모습

이 세상을 살아가는 청춘들에게 고함

미래를 살아가는 청춘들에게 주고 싶은 세 가지 카드를 골라 보세요.
뒤집어 놓은 카드를 세 장 뽑아서 이야기 해요.